Makarios Hebler OSB   Gott meine Freude

SCHRIFTENREIHE ZUR MEDITATION

Nr. 44

Zum Umschlagbild:
Der Ägypter glaubte seinen Gott durch Blumen, Musik und Gesang zu erfreuen. Die gleiche Überzeugung erfüllte auch den Israeliten (Ps 104,34 a, vgl. Ps 43,4). Der Sänger kniet vor dem Sonnengott Ra Horakhti und spielt die Leier.
Bemalte Holzstele des Zedhonsuantanch, 19/20. Dyn. Louvre.

Makarios Hebler OSB

Gott meine Freude

Verlagsgesellschaft Gerhard Kaffke mbH München

Gesamtherstellung:
Erhardi Druck GmbH, Regensburg-Waldsassen

ISBN 3–87391–016–0

Inhalt

Einleitung 7

Israel freue sich seines Schöpfers 9

Mein Herz soll jubeln über deine Hilfe 16

Sie jubeln über deine Gerechtigkeit 21

Jerusalem, du Stadt, so herrlich erbaut 27

Ich aber habe Freude an deinem Gesetz 33

Damit meine Freude in euch sei 37

Anmerkungen 40

„Jubelnd will ich dich preisen
mit Harfenklang, Jahwe, du mein Gott.“ (Ps 43,4)

Einleitung

Ein Philosoph unserer Tage meint: „Dem einen oder anderen mag es geradewegs absurd scheinen, ..., angesichts von Elend, Schrecken und Gewalt so betont von Dingen zu sprechen, die mit Freude zu tun haben...“[1]) Ohne alles Dunkle und Bedrohliche aus unserer Welt zu verbannen, ist es nach der Auffassung des genannten Philosophen dennoch lohnend, an „die Freude zu erinnern und sich auf den Grund der Freude selbst einzulassen“, weil es neben einem scheinbar widersinnigen und leeren Leben, etwas gibt, das gut und schön ist. „Sich der Freude erinnern: es heißt Spuren folgen, die letztlich Spuren Gottes sind“.[2])
In der folgenden Meditation möchte ich den Leser einladen, diesen Spuren Gottes als Signal der Freude in Israels Liedersammlung, im Psalter, mit mir nachzugehen. Der eifrige Bibelleser weiß, daß sich die Geschichte Gottes mit den Menschen, mit seinem auserwählten Volk in einem Dialog abläuft, einem Dialog zwischen dem wirkmächtigen Wort Gottes und der Reaktion des Menschen, seiner Antwort.
In einer ganz ausgeprägten Form überliefert uns der Psalter mit seinen Lob- und Klagepsalmen die Antwort des Menschen auf einen ganz personalen und heilschaffenden Gott. In diesen 150 Liedern wendet sich der Mensch in Lob und Klage – den beiden umfassenden Polen seines Seins – Gott zu. Gotteslob ist „zu Gott hingewandte Lebensfreude“, und die Klage „das sich zu Gott hinwendende Menschenleid“.[3])
Greifen wir den einen Pol dieser Antwort, die Freude, auf,

zu der Jahwe sein Volk aufgerufen hat, ihm in „Freuden und Herzenslust zu dienen“ (vgl. Dtn 28,47). Zu dieser Freude sind wir auch noch heute aufgefordert:

„Jubelt Jahwe, alle Lande,
in Freuden dienet Jahwe,
vor sein Angesicht kommet mit Jauchzen!“
(Ps 100,1.2)

P. Makarios Hebler OSB
Abtei Tholey 1980

Israel freue sich seines Schöpfers

Mit diesen Worten aus dem Psalm 149 (V. 2) läßt der Sänger seiner überströmenden Freude freien Lauf und sagt uns zugleich warum. Israel ist nicht imstande Gottes wunderbares Werk, seine Schöpfung, zu betrachten und zu erleben, ohne sich an ihr zu erfreuen. Der Beter des Psalmes 104 führt uns das ganze Schöpfungswerk des Herrn noch einmal vor Augen. Wer sich die Mühe macht, diesen Psalm in Stille zu meditieren, wird am Ende auf das Bekenntnis stoßen:

„Möge ihm gefallen mein Lied;
ja, an Jahwe habe ich meine Freude“ (V. 34)

und feststellen, daß der Dichter seine Freude auch Gott wünscht:

„Jahwe sei Ehre in Ewigkeit,
es freue sich Jahwe seiner Werke.“ (V. 31)

Bei diesem Psalm werden wir an die ersten Seiten der Bibel erinnert, die uns von Jahwes Siebentagewerk berichten. Dort lesen wir:

„Und Gott sah alles, was er gemacht hatte,
und siehe, es war sehr gut.“ (Gen 1,31)

Gott selbst erklärt sein Werk für gelungen. Das Sehr-gut-sein der ganzen Schöpfung gibt uns den ersten tiefen Grund der Freude an, und wir dürfen in das Lob des Psalmisten in Dankbarkeit einstimmen:

„Ich preise dich, daß ich geschaffen so wunderbar,
daß wunderbar all deine Werke.“ (Ps 139,14)

Vertiefen wir diesen Gedanken. Es besingt nicht nur der Mensch freudig das Lob des Schöpfers, sondern der ganze Kosmos mit allem was „kreucht und fleucht“ (vgl. Ps 148):

„Lobet Jahwe vom Himmel her,...
Lobet ihn all seine Engel,...
Lobet ihn, Sonne und Mond,...
Lobet Jahwe von der Erde her,...
Ihr Tiere alle in Wald und Feld,...
Ihr Könige der Erde und all ihr Völker,...
Lobet alle den Namen Jahwes,
Denn sein Name ist erhaben. (V. 1.2.3.7.10.11.13)

Nichts, weil alles sehr gut ist, schließt der Beter vom Lob aus. Engel, Gestirne, Land und Meer und der Mensch vereinigen sich zu dieser kosmischen Symphonie, um das Loblied auf ihren himmlischen Werkmeister zu spielen. Im Loben besingt alles Geschaffene seine Daseinsfreude und „diese Daseinsfreude eignet der Schöpfung als ganzer“.[4])
Die Aussagen der Psalmen über die Schöpfung weisen über das bisher Gesagte noch hinaus. Die Daseinsfreude des geschaffenen Universums kann nur hervorsprudeln, weil Jahwe sein Werk festgegründet und mit einer festen Ordnung ausgestattet hat[5]):

„Festgegründet hat er den Erdkreis,
daß er nicht wanke...,
Es freue sich der Himmel, es jauchze die Erde,
das Meer stimme ein, und was es erfüllt;
mit allem was blüht, frohlocke die Flur.“ (Ps 96,10–12)

„Er stellte sie hin für immer und ewig,
ein Gesetz gab er ihnen, das nimmer vergeht.“ (Ps 148,6)

Der himmlische Werkmeister hat kein Chaos hinterlassen, sondern in Weisheit sein Meisterstück ausgeführt (vgl. Ps 104,24), daher ist es etwas Sinnvolles und Schönes. Zugleich bedeutet die Ordnung und Gesetzmäßigkeit des Weltganzen auch Sicherheit und Geborgenheit. Und Freude vermag nur dort hervorzubrechen, wo man frei ist von jeglicher Bedrohung und Angst. Es herrscht Freude auf der Erde, weil wir uns auf Gott verlassen können.
Die einmal auf ihre festen Säulen gestellte Erde ist bereit, Gottes Segen zu empfangen:

„Vor deinen Zeichen erfüllst du mit Jubel die Pforten des Morgens und Abends.
Heimgesucht hast du die Erde und hast sie getränkt,
du hast ihr verliehen die Fülle des Segens.
Des Wassers voll ist der Gottesbach,
wohlgeraten ließest du ihnen das Korn...
Du kröntest das Jahr mit dem Kranz deiner Güte,
deines Wagens Spuren triefen von Fett.
Es prangen die Auen der Steppe,
es gürten sich die Hügel mit Jauchzen.
Die Anger bekleiden sich mit Herden,

die Täler wogen von Korn,
und alle jauchzen dir zu und singen." (Ps 65,10–14)

Der Segen Gottes für sein Werk ist das sichtbare Unterpfand der Treue Gottes, die er dieser Welt zugesagt hat.[6]) Israel besingt nicht nur dankbar den Empfang rein irdischer Güter, sondern die Freude ist ein Ausdruck gegenüber dem Ursprung allen Lebens. Jahwe selbst hat das Jahr gekrönt wie eine Königin und das Land mit reichem Regen getränkt, der für Palästina schlechthin Leben bedeutet:

„Die Erde gab ihre Frucht,
Gott, unser Gott, hat uns gesegnet." (Ps 67,7)

Die kindliche Freude, die aus den Ernteliedern des Alten Bundes erklingt[7]), ist die Freude des Beschenktwerdens, des Erfülltseins. Es ist vielleicht die am tiefsten empfundenste Freude überhaupt. Wir erhalten etwas, was wir nicht aus uns selbst hervorbringen können.
Verweilen wir noch einen Augenblick bei diesem Gedanken, indem wir auf ein besonders schönes Beispiel aus dem Psalm 104 zurückgreifen. Es heißt dort:

„Gras läßt du sprossen dem Vieh,
Gewächse, daß sie dienen den Menschen;
Daß er gewinne aus dem Boden das Brot
und Wein, der ihm das Herz erfreut;
Daß er salbe sein Antlitz mit Öl,
daß erstarke des Menschen Herz durch das Brot."
(V. 14,15)

Jahwe hat an alles gedacht. Mensch und Tier sind versorgt. Der Psalmist sagt aber mehr. Er zeigt uns eine zarte, liebevolle Seite Jahwes. Jahwe schenkt mehr als das zum täglichen Leben Notwendige: Wein für ein fröhliches Herz, und Öl für ein angenehmes Aussehen. „Wein und Öl mußten somit nicht erschaffen werden, um das Überleben der Menschen zu sichern, dafür genügten Brot und Wasser, sondern damit sie nicht einem grauen abstoßenden Wesen zum Opfer fielen."[8]) Mangel an Wein ist dementsprechend ein Zeichen der Trauer (Jes 16,10).
Welche Bedeutung dem Wein als Symbol der Freude zukommt, sehen wir aus der Fabel Jotams, einer lehrhaften Dichtung über den Wert und Nutzen des Königsamtes, in der die Bäume sich einen König suchen:

„Da sprachen die Bäume zum Weinstock:
Komm sei du unser König!
Da sprach der Weinstock zu ihnen:
Soll ich meinen Wein aufgeben, der Götter und Menschen erfreut, und hingehen, über die Bäume zu schwanken?"
(Ri 9,12f)

Der kostbare Saft der Reben, der zur Freude der Menschen geschaffen ist, ist gegen nichts einzutauschen, nicht einmal mit einer Königskrone, die ohnehin nichts einbringt.
Die fruchtbare Rebe ist auch ein Symbol der Freude für Mutterglück und Kindersegen als Segensgabe Gottes:

„Dein Weib im Gemach des Hauses,
sie gleicht einer fruchtbaren Rebe."

Der Israelit trank nicht nur seinen Wein in Fröhlichkeit, er verzehrte in der gleichen Fröhlichkeit auch sein Brot (Pr 9,7). Es Tag für Tag auf dem Tisch zu haben, bedeutete, täglich den Fluch der Stammeltern auf sich zu nehmen (Gen 3,16f).

„Im Schweiße deines Angesichtes sollst du dein Brot essen..." (V. 19)

Bis auf den heutigen Tag bitten wir um unser „zugemessenes Brot" (Spr 30,8) im „Vater unser" (Mt 6,11). Oft genug hat Israel auf das tägliche Brot verzichten müssen.[9]) Um so mehr wurde das täglich frisch zubereitete Brot (Gen 18,6) mit Dankbarkeit und Fröhlichkeit als Geschenk Gottes angenommen. Einer, der nicht mehr in der Lage ist, sein Brot zu essen, ist eine in tiefe Not gestürzte Existenz, die keine Freude mehr kennt und zu Gott aufschreit:
„Erhöre Jahwe, mein Gebet, mein Rufen komme zu Dir.
Versengt wie das Gras und verdorrt ist mein Herz,
ich vergaß, mein Brot zu essen." (Ps 102,1.5)

Gott allein kann die Not wenden und neues Brot, neues Leben schenken, neue Freude bereiten. Der Herr Jesus Christus selbst hat uns durch sein Fleisch und Blut in den sichtbaren Zeichen von Wein und Brot neues Leben und die Freude der Erlösung geschenkt.
Die Freude an den Gütern der Erde verpflichtet uns, andere daran teilhaben zu lassen, indem wir „dem Hungrigen unser Brot schenken" (vgl. Jes 58,10ff). Freude an den Segensga-

ben Jahwes bezeugt ein menschenwürdiges Dasein und läßt uns dankerfüllten Herzens in den Lobpreis einfallen:

„Jahwe, du erfüllst mein Herz mit Freude,
mehr als hätten wir Wein und Weizen in Überfluß."
(Ps 4,8; vgl. Ps 92,5)

Mein Herz soll jubeln über deine Hilfe

Jahwe ist nicht nur der Schöpfer der Enden der Erde. Er gibt sein Werk nicht auf, er überläßt es nicht seinem Schicksal. Jahwe ist der Emmanuel, der Gott-mit-uns, der ständig „dem Müden Kraft und Stärke genug dem Ohnmächtigen gibt“ (Jes 40,29–31).
Jahwe als Herr der Geschichte erweist sich als ein helfender und aus aller Bedrängnis rettender Gott.
Die erste große Rettungstat Jahwes ist die Herausführung aus Ägypten. Mit diesem Ereignis beginnt die Volksgeschichte Israels, die an die Vätergeschichte anknüpft (vgl. Gen 50,24).[10]) Israel besinnt sich immer wieder auf dieses einmalige Ereignis, sei es im Gotteslob (Pss 107;136) oder in der Klage (Ps 80). Gebote und Gesetze berufen sich darauf (Ex 20; Dtn 5). Der am Anfang gerettet hat, rettet auch weiterhin, und seine Rettungstaten sind für das ganze Volk und für den Einzelnen ein Grund zur Freude:

„Denn Jahwe gedachte seines heiligen Wortes,
das er Abraham gab, seinem Knecht.
Und er führte sein Volk heraus unter Jubel,
seine Auserwählten unter Frohlocken.
Und er gab ihnen die Länder der Heiden,
und sie nahmen sich die Schätze der Völker;
Auf daß sie hielten seine Gesetze
und achteten sein Gebot.“
(Ps 105,42–45)

Oder es singt der aus einer erdrückenden Not befreite Israelit:

„Meine Stärke und meine Kraft ist Jahwe,
er ist mir geworden zum Retter."
(Ps 118,14)

Das rettende Handeln zielt besonders auf das persönliche Leben, auf ganz persönliche Nöte, auf Gefahren, die das tägliche Leben umlauern. In einer Klage schüttet der Beter sein Herz vor Gott aus:

„Wie lange noch Jahwe, willst du mich gar vergessen!
Wie lange verhüllst du dein Antlitz vor mir!
Wie lange soll in meiner Seele wühlen die Sorge,
täglich in meinem Herzen der Gram!
Wie lange darf über mich triumphieren der Feind!"
(Ps 13,2–3)

Es folgt die Bitte:

„Siehe her, Jahwe, mein Gott, und erhöre mich!"
(V. 4f)

Jahwe hat sich für jeden einzelnen seines Volkes verbürgt, deshalb zerspringt das auf die Bundeshuld vertrauende Herz vor Freude:

„Habe ich doch auf deine Bundeshuld vertraut!
Über deine Hilfe frohlocke mein Herz!
Singen will ich Jahwe, der mir Gutes getan."
(V. 6)

Besonders in den Tagen der Krankheit und des Alters stößt der Mensch auf die Grenzen seines Seins. So bittet ein Jahwegetreuer, der wegen seiner Krankheit noch unter Schuldverdacht steht, [11]) Gott:

„Mir ist nichts Heiles am Fleisch,
da du mir zürnest,
nichts unversehrt an meinem Gebein,
da ich gesündigt.
Verlasse mich nicht, Jahwe, mein Gott,
mein Gott, bleib nicht ferne von mir.
Eile mir zu helfen,
o Herr, du mein Heil!"
(Ps 38,4.22f)

Und im Gebet eines alten Menschen heißt es:

„Verwirf mich nicht in den Tagen des Alters;
wenn meine Kräfte schwinden, verlaß mich nicht.
O Gott, du hast mich gelehrt von Jugend auf,
von deinen Wundern erzähl ich noch heute.
Viele und harte Mühsal hast du mir auferlegt,
doch wirst du mich wieder beleben
und hebst mich empor aus den Tiefen der Erde.
Und deine Treue, mein Gott, will ich preisen mit Saitenklang;
Heiliger Israels, auf der Harfe will ich dir spielen.
Frohlocken sollen meine Lippen, da ich dir singe,
und es jubelt meine Seele,
denn du hast sie erlöst."
(Ps 71,9.17.20.22f)

Jahwe hilft. Er befreit selbst noch aus dem Reich des Todes:

„Jahwe, mein Leben hast du geholt,
aus dem Reich des Todes,
du hast mich bewahrt hinabzusteigen zur Grube."
(Ps 30,4)

Krank sein bedeutet im Alten Testament in der Sphäre der Scheol, im Bann des Todes leben.[12]) In diese Situation greift die rettende Hand Gottes und zieht den Todgeweihten „wie mit einem Schöpfeimer" (hebr. Text)[13]) aus der Tiefe herauf, in der es keine Verbindung zu Gott gibt. Für die Rettung aus der den Tod bringenden Krankheit, für das Geschenk des neuen Lebens, für die Wendung zum Heil dankt der Beter und bittet alle, das ganze Gottesvolk, an seiner Freude teilzunehmen und Jahwe zu loben:

„Die ihr ihn liebt, lobsinget Jahwe,
saget Dank seinem heiligen Namen.
Denn nur einen Augenblick währet sein Zorn,
doch seine Güte ein Leben lang.
Kehrt am Abend auch Weinen ein,
am Morgen kommt wieder die Freude.
Du hast meine Klage gewandelt in Reigenlied,
abgenommen mein Bußgewand und mich gegürtet mit Freude;
auf daß meine Seele dir singe und nimmermehr schweige,
Jahwe mein Gott, ich will dich preisen auf ewig."
(Ps 30,5f.12f)

Jahwe hat dem Beter, der auch in seinen schweren Stunden seine Hoffnung auf den zu Hilfe eilenden Gott nicht aufgegeben hat, das Freudenkleid umgürtet. Der ganze Mensch ist „erfülltes, atmendes, freudiges, jubelndes Leben“[14]), so daß der Sinn dieses neuen Lebens zum ewigen Lobpreis erwacht.[15])

Zum Abschluß dieses Abschnittes sei noch ein Beispiel erwähnt, an dem die Freude über neues, geschenktes Leben in einer sehr schönen Weise zum Ausdruck kommt: im Kindersegen. Kinderlosigkeit bedeutete gleich dem Kranksein eine mindere gesellschaftliche Stellung innehaben, Kindersegen dagegen eine hohe Auszeichnung:

„Die kinderlos sind, lässest du wohnen im Hause,
als Mutter froh ihrer Kinder.“
(Ps 113,9)

und:

„Dein Weib im Gemach deines Hauses,
sie gleicht der fruchtbaren Rebe;
und wie die jungen Zweige am Ölbaum,
so sind rings um deinen Tisch die Kinder.“
(Ps 128,3)

Gott offenbart seine Wundermacht, indem er das Los der kinderlosen Frau in reichen Kindersegen wandelt. Die Freude ist das dankbare Annehmen eines Kindes als Zeichen göttlichen Segens. Es sind die Kinder, für die das Reich Gottes ist (Mt 10,14), die man ‚Natan‘ (Gott hat gegeben) oder ‚Baruch‘ (der Gesegnete) genannt hat.

Sie jubeln über deine Gerechtigkeit

In unserer Meditation haben wir bisher über die Freude am Schöpfergott Jahwe und seiner Wundertaten gesprochen. Wir haben anschließend darüber nachgedacht, daß dieser Gott ein „Gott-mit-uns" ist, der dem Menschen helfend zur Seite steht und ihm immer wieder sein Leben zu einem lebenswerten Leben umwandelt. Der rettende Gott ist aber auch der in Gerechtigkeit richtende Gott, dessen Gerechtigkeit ein weiterer Grund zur Freude ist. In dem Gebet eines verfolgten Gerechten heißt es:

„Wach auf! Zu meinem Schutz erhebe dich!
Mein Gott und mein Herr, führe du meine Sache!
Schaffe mir Recht, Jahwe, nach deiner Gerechtigkeit;
mein Gott, sie (die Feinde) sollen meiner sich nicht freuen."
(Ps 35,24f)

Die Feinde, die hier als ruchlose Zeugen auftreten (vgl. V. 11), den Beter in die äußerste Not stoßen und Gottes Heilsordnung (šalom) durchbrechen wollen (vgl. V. 20), sollen durch Jahwes Gerechtigkeit zu Fall gebracht werden. Darauf vertrauend bittet der Psalmist um Gottes Eingreifen. Ja, er ist sich der Hilfe und des gerechten Einschreitens Jahwes bereits sicher, so daß er singen kann:

„Doch jubeln und frohlocken sollen
alle, die meiner Sache gewogen,
immerfort sollen sie sprechen:

Groß ist Jahwe, er will das Heil seines Knechtes.
Und meine Zunge soll künden deine Gerechtigkeit,
immerdar soll sie verkünden dein Lob."
(Ps 35,27f)

Gottes Gerechtigkeit bedeutet „Heil für seinen Knecht", Herstellung einer Heilsordnung. In Gottes Gerechtigkeit wird dem Menschen Gottes Liebe und Gnade zuteil:

„Gerechtigkeit liebt er und Recht,
der Gnade ist die Erde voll."
(Ps 33,5)

Jahwe, der seine Gerechtigkeit seinem Gerechten zuteil werden läßt, ist auch der, der sich von den Bösen abwendet und sie von der Erde auszutilgen sucht (vgl. Ps 34,16f). Derjenige, der den Herrn fürchtet, seine Zunge vor Bosheit bewahrt, vom Bösen läßt und das Gute wirkt, den Frieden sucht und ihm nachjagt (vgl. V. 10–15), kurz gesagt, der in den Augen Gottes gerecht ist, kann guten Gewissens, ja sogar in Jubel und Freude, ohne Angst vor Gottes Antlitz treten. Der Beter des Psalmes 34 macht öffentlich seine Heilserfahrung bekannt:

„Es rühme sich Jahwes meine Seele,
Hören sollen es die Armen und fröhlich sein...
Ich suchte Jahwe, und er hat mich erhört,
er hat mich errettet aus all meinen Ängsten.
Blicket auf ihn, und ihr werdet strahlen in Freude,
und euer Angesicht soll nicht erröten."
(V. 3–6)

Über alle Anfeindung ungerechter Verleumder, Hasser und Feinde siegt Gottes Gerechtigkeit. Der biblische Mensch ist immer von Feinden bedroht. Das ist ein nicht zur Diskussion stehender Tatbestand.[16]) Propheten und Psalmisten führen Klage über ihre Feinde. Die Feinde des Beters sind aber auch Gottes Feinde.[17]) Der Israelit haßt seine Feinde „um Gottes willen“ und nicht aus einer emotionalen Erregung der Rache. Er gibt die Bestrafung seiner Feinde in die Hand Gottes, die ihm Gerechtigkeit schaffen soll (vgl. Ps 58,7.12f.;59,12):

„Es freut sich der Gerechte, wenn er Vergeltung schaut,
seine Füße wird er baden im Blut des Frevlers.“
(Ps 58,11)

Es ist der unerschütterliche Glaube an Gottes Gerechtigkeit, der sich in diesen harten Worten ausdrückt:

„Es gibt einen Gott, der auf Erden
Gericht hält.“ (Ps 58,12)

Israel erwartet voller Hoffnung das Gericht Gottes. Der richtende Gott, ist der, der in der Endzeit kommen wird:

„denn siehe er kommt,
Er kommt, zu regieren die Erde.
Regieren wird er den Erdkreis nach Recht,
die Völker nach seiner Treue.“ (Ps 96,13)

Der Psalm 98 schildert uns Israels Erwarten, ja den Jubel der ganzen Schöpfung beim Anblick des Königs, so daß es sich lohnt, ihn hier ganz zu zitieren:

„Singet Jahwe ein neues Lied,
denn Wunderbares hat er getan.
Seine Rechte errang ihm den Sieg!
Ja, Sieg errang sein heiliger Arm!
Kundgetan hat Jahwe sein Heil,
seine Gerechtigkeit enthüllt vor den Augen der Heiden.
Er gedachte seiner Güte und Treue
gegen Israels Haus.
Alle Enden der Erde,
sie haben das Heil unseres Gottes geschaut.
Jubelt Jahwe, alle Lande!
Freuet euch und frohlocket!
Lobsinget Jahwe zum Saitenspiel
Psalter und Harfe ertöne!
Mit dem Hall der Trompeten und Hörner,
jubelt vor ihm, dem König Jahwe!
Es brause das Meer und was es erfüllt,
der Erdkreis und die ihn bewohnen.
Klatschet in die Hände, ihr Ströme,
ihr Berge, stimmet ein in den Jubel!
Im Angesicht Jahwes, der da kommt,
der kommt zu regieren die Erde.
Nach Recht wird er regieren den Erdkreis
und die Völker nach seiner Gerechtigkeit.“

Wir denken bei der Lektüre dieses Textes an die Aussage: „Siehe, ich komme bald!" – „Amen, komm, Herr Jesus!" (Apk 22,20; Phil 4,4 ff.). Es drückt die sehnsüchtige Erwartung der Parusie aus, die endgültige Einheit mit dem Herrn. In unserem Text, der aus der Zeit nach dem Exil stammt[18]), spüren wir die gleiche hoffnungsvolle und freudige Sehnsucht nach dem kommenden Gott.

Kummer und Schmerz der Verbannung sind vergessen. Jahwe hat sein Heil und seine Gerechtigkeit vor den Augen der Heiden, vor der ganzen Welt kundgetan (V. 2–3). Das äußere sichtbare Zeichen des geschenkten Neuanfangs und der daraus erwachsenen Hoffnung ist der Jubel und die Freude Israels, des in Bewegung geratenen Kosmos. Diese freudige Hoffnung auf den zur Hilfe und zum Gericht kommenden Gott ist fester Bestandteil Israels Glaubens. In diesem Gott liegt die Zukunft des ganzen Volkes und des einzelnen Menschen beschlossen, ja des ganzen Universums. Wir gehen Gott entgegen und Gott kommt uns entgegen, der Gott, der uns einmal die „ewige Freude" (Jes 61) zuteil werden läßt. Gottes Gerechtigkeit befreit, und in dieser Freiheit jubelt Israel voll Freude:

„Es künden die Himmel seine Gerechtigkeit,
seine Herrlichkeit schauen die Völker.
Zion hört es und freuet sich, es jauchzen die Töchter von Juda, sie jubeln, Jahwe, über deine Gerichte.
Denn du, Jahwe, bist der Höchste auf Erden,
hoch erhaben über alle Götter.

Es liebt Jahwe, die hassen das Böse,
die Seelen seiner Getreuen hütet er wohl,
er rettet sie aus den Händen der Frevler.
Licht erstrahlt dem Gerechten,
Freude wird zuteil den redlichen Herzen.
So freuet euch, ihr Gerechten, in Jahwe,
und rühmet seinen heiligen Namen.“ (Ps 97,6.8–12)

Alle Völker sind zum Lobpreis des Weltenherrschers aufgerufen:

„Sie sollen preisen deinen großen
und furchtbaren Namen,
denn heilig ist er und mächtig.
Der König, der die Gerechtigkeit liebt:
der bist du.
Du begründest, was recht;
du schaffst in Jakob Recht und Gerechtigkeit.“
(Ps 99,3f)

Jerusalem, du Stadt, so herrlich erbaut

Dem Leser der Heiligen Schrift sind das Loblied Tobits, das apokalyptische Gedicht aus dem Buch Jesaja und die Texte der geheimen Offenbarung über den Lobpreis auf die herrliche Gottesstadt nicht unbekannt.[19]) Es seien hier nur einige Verse aus dem ‚Dritten Jesaja' zitiert:

„Freu dich, Jerusalem, jubelt über
sie, ihr alle, die ihr sie liebt!
Jubelt und frohlocket mit ihr,
die ihr um ihretwillen getrauert habt.
Auf daß ihr trinket und gesättigt
werdet an der Brust ihrer Tröstungen,
auf daß ihr trinket und in Wonne überfließet
von der Fülle ihrer Herrlichkeit."
(Jes 66,10f)

So wie hier der Verfasser dieser Verse in dichterischer Schönheit, mit freudigem Herzen und einem tiefen Glauben an ein neues Jerusalem, die Schönheit der Gottesstadt besingt, so erzählen auch die Psalmisten davon.[20]) Die heilige Stadt ist Gottes Wohnung (vgl. Ps 46,5). Vom Zion aus lenkt er die Geschicke seiner Erwählten (vgl. 48,5ff). Wenn auch manchesmal die Stadt Gott die Treue brach und zur „Dirne" wurde und selbst der Herr über Jerusalem geweint hat[21]), so bleibt doch Gott dieser Stadt treu und wird sie einst zum Mittelpunkt eines paradiesischen Gartens neu aufbauen (Ez

47,1–48,29). Jeder, der diese Gottesstadt erblickte, war von ihr beeindruckt. Die staunende Freude über den Anblick der heiligen Stadt ist der beredte Ausdruck des Glaubens an die Macht des Höchsten:

„Groß ist Jahwe und gar würdig des Ruhmes,
in der Stadt unseres Gottes.
Sein heiliger Berg, die herrliche Höhe,
er ist die Wonne der ganzen Welt;
So wie dein Name, o Gott;
so reicht dein Ruhm bis an die Enden der Erde.
Voll der Gerechtigkeit ist deine Rechte;
darum möge sich freuen der Zion.
Jauchzen sollen die Töchter von Juda
ob deiner Gerichte.
Durchwandert den Zion, umschreitet ihn
und zählt seine Türme.
Achtet auf seine Wälle, in seinen Burgen geht umher.
Auf daß ihr dem Geschlecht der Zukunft es saget:
So groß ist Gott.
Unser Gott für immer und ewig;
er, ja er wird uns führen."
(Ps 48,3.11–15)

Gottes unüberwindliche und universale Macht entflammt die Herzen der Menschen für ein solches Lied. Kein Feind kann Gottes Burg und sichere Schutzwehr erobern (vgl. Ps 46,6–12;48,5–10). In der von Gott behüteten Stadt gibt es keine Lebensangst. Es ist eine sichere Stadt, in der sich ein frohes Leben abspielen kann, eine Stadt die vom Segen Gottes lebt:

„Des Stromes Arme erfreuen die Gottesstadt." (Ps 46,5)

Der in vier Arme geteilte Segensstrom des Paradieses (Gen 2,10) tränkt die Gottesstadt und die ganze Welt mit einem Quell der Freude: M. Luther hat diesen Vers auf das Idyll einer mittelalterlichen Stadt übertragen:

„dennoch soll die Stadt Gottes fein,
lustig bleiben mit ihrem Brünnelein."

Jerusalem ist die Stadt des Friedens (Ps 122,6f) und des Segens:

„Es segne Jahwe dich vom Zion her,
daß du schauest Jerusalems Glück alle
Tage deines Lebens." (Ps 128,5)

oder es ist der Ort der frohen Gemeinschaft:

„Seht, wie lieblich und gut,
wenn Brüder beisammen wohnen in Eintracht.
Es ist wie der Tau auf dem Hermon,
wie der Tau, der niederfällt auf den Zion.
Denn dort entbietet Segen Jahwe:
Leben auf immerdar." (Ps 133,1.3)

Im Herzen der Gottesstadt steht das Haus Gottes:

„Wie freundlich ist deine Wohnung,
Jahwe Zebaoth!

Meine Seele vergeht in Sehnsucht nach
den Vorhöfen Jahwes!
Mein Geist und mein Leib,
sie jubeln dem lebendigen Gott.
Selbst der Sperling hat gefunden ein Heim
und die Schwalbe ein Nest, darin ihre Jungen
zu bergen:
Deine Altäre, Jahwe Zebaoth,
du mein Gott und mein König!
Selig, die wohnen in deinem Hause,
sie werden dich immerdar preisen." (Ps 84,2–5)

An dieser Stätte bringt Israel sein Gotteslob dar, es feiert hier seine Feste und gedenkt „des Tages, den der Herr gemacht hat":

„Laßt uns frohlocken und seiner uns
freuen!" (Ps 118,24)

„Kommt, laßt uns frohlocken Jahwe!
Jauchzt ihm zu dem Fels unseres Heiles.
Vor sein Angesicht tretet mit Lobgesang,
jubelt ihm laut mit Psalmen!"
(Ps 95,1f)

Die Freude in Gottes Gegenwart weilen zu dürfen übersteigt alles irdische Glück:

„Besser in deinen Hallen ein einziger Tag,
als tausend Tage ferne von dir."
(Ps 84,11)

Jedem Israeliten war es geboten, dreimal im Jahr vor Jahwe zu erscheinen (Ex 23,14f). Es war dem Wallfahrer eine große Freude nach Jerusalem hinaufzuziehen:[22])

„Voll Freude war ich, da sie mir sagten:
Wir ziehen zum Hause Jahwes:
Schon treten unsere Füße in deine Tore, Jerusalem.
Jerusalem, du Stadt, so herrlich erbaut,
gar fest gefügt und geschlossen."
(Ps 122,1–3)

Die einmal erlebte Gottesbegegnung auf dem Zion läßt dem Beter keine Ruhe mehr und er sucht ständig nach einer neuen Gelegenheit, Gottes Angesicht schauen zu dürfen, besonders wenn man fern des Heiligtums sein Dasein fristen muß (vgl. Ps 42,2.3; und 137). In der Not des Exils erträgt Israel Spott und Hohn der Zwingherren, die Freudenlieder auf Jerusalem fordern:

„Singet uns von Zion ein Lied.
Wie aber sollen wir singen ein Jahwelied
im Lande der Fremden!"

Das Herz erhebt sich zu Gott und beteuert:

„Jerusalem, wollte ich deiner vergessen,
soll verdorren meine Rechte.
Es klebe mir die Zunge am Gaumen,
sollte ich deiner nimmer gedenken;
Wollte ich nicht erheben Jerusalem
über all meine Freude!" (Ps 137,5f)

Die Bitte, bald wieder zum Gezelt Gottes zurückkehren zu dürfen, spricht ein exilierter Levit im Psalm 43 aus:

„Sende aus dein Licht und deine Treue,
daß sie mich führen,
zu deinem heiligen Berg mich leiten,
zu deinem Gezelt.
Und ich trete hin zu Gottes Altar,
zum Gott meiner Freude.
Jubelnd will ich preisen mit Harfenklang,
Jahwe, du mein Gott."
(V. 3f)

Ich aber habe Freude an deinem Gesetz

In einem letzten Abschnitt betrachten wir die Freude von Menschen, die sich in Treue der Weisung Gottes verpflichtet wissen.
Es handelt sich um Menschen, die die Bibel Gerechte, Gottsucher nennt, Menschen die nach Gottes Weisung ihr Leben ausrichten und vor Gottes Angesicht bestehen können, was die „Feinde Gottes“ nicht vermögen:

„Gott erhebt sich, seine Feinde
müssen zerstieben,
es fliehen vor seinem Angesicht, die ihn hassen.
Die Gerechten aber dürfen sich freuen,
sie jubeln vor dem Angesicht Gottes,
sie jauchzen in Wonne.
Singet Jahwe, lobsinget seinem Namen,
schafft ihm Bahn, der dahinfährt über den Wolken.
Freuet euch in Jahwe, frohlocket vor ihm!“
(Ps 68,2.4f)

Die Gerechten und Frommen wissen sich ständig Gottes gerechtem Urteilsspruch unterworfen und „nicht bloß einer von Gott abstrahierenden ethischen Norm“[23]). Die Freude entspringt einem reinen Gewissen (vgl. Ps 15 u. 24). Solchen Menschen wird die Rettung aus Feindes Hand zuteil:

„ER rettet die Getreuen aus den
Händen der Frevler.
Licht erstrahlt dem Gerechten,
Freude wird zuteil den redlichen Herzen.
So freuet euch, ihr Gerechten, in Jahwe
und rühmet seinen heiligen Namen."
(Ps 97,10–12)

Die Freude der Gerechten läßt sogar jede Bosheit verstummen:

„Das sehen die Gerechten und freuen sich,
und jede Bosheit schließt ihren Mund."
(Ps 107,42)

Die Freude ist eine Ausdrucksform einer religiösen Qualität, eines rechten Lebenswandels vor Jahwe, eines reinen Herzens:

„Jubelt über Jahwe, ihr Gerechten und freuet euch!
All ihr lauteren Herzen, frohlocket!"
(Ps 32,11; vgl. 33,1)

In der langen Meditation des Psalmes 119 dem „immerwährenden Gebet des Alten Bundes", wird uns ein Mensch vor Augen gestellt, der „im Gesetz des Herrn wandelt" (vgl. V. 1) und vor allen Dingen seine „Freude an der Weisung des Herrn" hat (vgl. V. 14.70. u. a.). Diese Betrachtung eröffnet uns das Innerste eines Menschen, dessen ganzer Lebensinhalt darin besteht, sich in Liebe dem Gesetz Gottes hinzugeben, das bedeutet Gott selber.[24])

Die Weisung Gottes ist aber nicht nur Meditationsstoff, sondern beinhaltet auch das entsprechende Handeln:

„In der Buchrolle ist mir geschrieben,
deinen Willen zu tun.
Freude habe ich, Gott, an deiner Weisung,
mitten in meinem Innern."
(Ps 40,8f)[25])

Es ist die Gnade Gottes, die sich in der lebenspendenden Weisung und Lehre artikuliert und nicht in einem toten Rechtskorpus:

„Die Befehle Jahwes sind gerade, sie erfreuen das Herz;
lauter ist sein Gebot, es erleuchtet das Auge.
Die Furcht Jahwes ist lauter,
sie hat für immer Bestand;
die Gerichte Jahwes sind Wahrheit, sie
sind alle gerecht.
Köstlicher sind sie als Gold, als ein
Schatz von lauterem Gold,
süßer sind seine Worte als Honig, als
Honigseim aus der Wabe."
(Ps 19,9–11)

Die Freude an der Thora ist erfüllender als jeglicher Reichtum:

„Lieber ist mir deines Mundes Gesetz
als aller Reichtum an Silber und Gold."
(Ps 119,72.127)

Derjenige, der ganz aus der Weisung Gottes lebt, wird auch aller Früchte eines glücklichen Lebens zuteil, Früchte, die nicht verderben. Er kann immer das lebenspendende Wasser der Gnade schöpfen:

„Glücklich der Mann,
der aber seine Freude hat an der Weisung des Herrn
und über seine Weisung murmelt bei Tag und Nacht.
Er gleicht einem Baum,
gepflanzt am Rande der Wasser,
der Früchte trägt zur rechten Zeit
und dessen Blätter nicht welken:
ja, alles, was er tut, es gelingt ihm."
(Ps 1,2f)

Auf die Vermittlung der Gnade Gottes durch seine Weisung, auf das Beschenktwerden mit der Thora, antwortet der Israelit mit Jubel und Freude, und seine Freude ist Liebe:

„Da, ich habe Freude an deinen Befehlen
von ganzem Herzen liebe ich sie."
(Ps 119,47)

Damit meine Freude in euch sei

Beschließen wir diese kleine Meditation mit einigen Schlußfolgerungen aus dem bisher Gesagten. Wenn wir hier im gebotenen Rahmen nicht erschöpfend über die Freude in den Psalmen meditiert haben – was auch nicht möglich ist, denn wer die Psalmen betet, wird auch die Freude ständig neu erleben – so hat sich unser kurzer Rundgang durch die Welt der Psalmen gelohnt, um nur zu erspüren, was mit Freude gemeint ist.

In unseren Betrachtungen haben wir gesehen, daß Freude etwas ist, was wir nicht aus uns selbst hervorbringen können. Erfährt sich der Mensch in frohem Zustand, so hat das seinen Grund in etwas anderem als die Freude selber. Freude hat ihre Ursache in Jahwe. Er schenkt sie uns. In ihm allein, der die Welt erschaffen hat, der ein segnender Gott, ein Gott-mit-uns ist, der die Welt in Gerechtigkeit richten wird, der sich in Jerusalem in seiner ganzen Herrlichkeit zeigt und der sein Gesetz zum Heil der Menschen erläßt, der – kurz gesagt – šalom, Heil und Gnade schenkt, können und dürfen wir uns freuen. Freude ist das Signal des gläubigen Annehmens, daß wir Geschöpfe und ganz und gar von Gott abhängig sind.
Freude gibt es nicht um der bloßen Freude willen. Thomas von Aquin hat in dem lapidaren Satz: „Der Besitz des Guten ist die Ursache der Freude"[26]) diese Wirklichkeit bestätigt. Das Zuteilen des Guten geht immer der Freude voraus. Gott

selbst, das höchste Gut, hat sich in seinem Sohn uns geschenkt, der von sich sagte:

„Das habe ich zu Euch geredet, damit meine Freude in euch sei und eure Freude vollkommen werde. Dies ist mein Gebot, daß ihr einander liebt, wie ich euch geliebt habe.“
(Joh 15,11f)

Gottes Liebe, in Christus uns geschenkt und immer wieder neu gereicht unter den Gestalten von Wein und Brot, Symbolen der Freude, ist die Ursache jeder wirklichen Freude. Unsere Freude wird somit zu einem Ausdruck unseres Glaubens und unseres Vertrauens, sich ganz auf Gott einzulassen. Unsere Freude weist auf ihn zurück.
Weil Gott Quelle der Freude ist, erweist sich das gierige Streben nach einer Freude nach irdischem Bedarf als nichtig (vgl. Koh 2,1–17; Lk 12,13–21). Die echte Freude, eine Frucht des Geistes (Gal 5,22), besiegt alle Trauer und alle Prüfungen.[27])
Von einer solchen Freude erfaßt drängt sich die Notwendigkeit auf, von seiner Freude auch Mitteilung zu machen. Freude ist eine Angelegenheit der Gemeinschaft:

„Es rühme sich in Jahwe meine Seele,
hören sollen es die Armen und fröhlich sein.
Vereint mit mir lobpreiset Jahwe,
laßt uns im Chor seinen Namen erheben.“
(Ps 34,3f)

Die Freude wird zu einem geistigen Band unter den Menschen. Die Psalmisten haben zum gemeinsamen Gotteslob aufgefordert. Die Kommunikationskraft der Freude liegt darin, daß Gottes Heil eine frohe Botschaft für die ganze Welt ist:

„An deines Volkes Freude freue ich mich."
(Ps 106,5)

Durch die Freude gibt der Mensch die empfangene Herrlichkeit Gottes zurück an Jahwe, und er erfüllt in sich das Bild Gottes:

„Am Herrn habe ich meine Freude."
(Ps 104,34)

„Freue dich an Jahwe,
und deines Herzens Wunsch wird er dir erfüllen."
(Ps 37,4)

„Den Weg des Lebens weisest du mich,
vor deinem Angesicht die Fülle der Freude,
Wonne zu deiner Rechten auf ewig."
(Ps 16,11)

Anmerkungen

1) U. Hommes, Erinnerung an die Freude, Freiburg 1978, S. 9
2) a.a.O.
3) C. Westermann, Theologie des Alten Testamentes in Grundzügen, Göttingen 1978, S. 22
4) ders., Schöpfung, Stuttgart 1976, S. 91
5) vgl. 75,3f; 93,1; Jes 45,18
6) vgl. C. Westermann, Theologie, S. 95ff; vgl. auch Ps 85,13; 115
7) vgl. Ex 23,14; Lev 23,10
8) A. Schenker, Das Abendmahl Jesu als Brennpunkt des Alten Testamentes, Bibl. Beiträge 13, Freiburg i.d.Sch. 1977, S. 48; vgl. Sir 31,27ff
9) Gen 12,10ff; 2 Sam 21,1; 24,1.3; 1 Kön 17; u.a.
10) vgl. C. Westermann, Theologie, S. 29
11) Krankheit und Schuld/Sünde stehen im Alten Testament im engen Zusammenhang; vgl. im Neuen Testament Joh 9; s. auch Ps 41,2–4; 38,5; 40,13; 41,2–4
12) K. Seybold, Krankheit und Heilung; in: Bibel und Kirche (4) 1971, S. 109
13) Ex 2,16.19; Num 24,7; Jes 40,15; Spr 20,5
14) C. Westermann, Anthropologische und Theologische Aspekte des Gebetes in den Psalmen, in: Liturg. Jahrbuch, Trier (23) 1973, S. 95
15) vgl. dazu besonders Ps 71
16) Gen 4,1–6; 16,1–7; 1 Sam 18,10f; 19,9–17, Ps 31; 35; 42,10; Jer 18,18; u.ö.
17) vgl. Ex 23,22; Ps 139,21f
18) vgl. Jes 40,9; Sach 9,9
19) Tob 13,14; Jes 66,10;
20) Ps 46; 48; 50,2; 78,69; 122,3; 132,13f; 135,21
21) vgl. 1 Kg 23,26f; Jes 1,21; Ez 16; Lk 19,41ff
22) vgl. dazu die Studie von K. Seybold, Die Wallfahrtspsalmen, Neukirchen 1978
23) M. Ammermann, Die religiöse Freude in den Schriften des Alten Bundes, Rom 1942, S. 57
24) Ps 119,14.16.24. u.ö.
25) vgl. Dtn 30,14; Ps 37,30
26) Contra Gentes 3,26
27) vgl. 2 Kor 6,10; 7,4; Kol 1,24, Ps 119,143